자귀꽃 위에 나비가 되어

지성 · 감성의 메타언어
조선문학시인선 · 287

자귀꽃 위에 나비가 되어

황 인 숙 시집

조선문학사

■ 序文

고뇌와 상상의 세계 시로 형상화 하고 싶어

자작시를 붓글씨로 써 작품집을 만들어 보겠다는 일념으로 늦게 도전한 길입니다.

신인당선이란 소식을 접하고 기쁨보다 가슴이 덜컹 겁부터 났습니다. 앞으로 더 많은 고뇌와 상상의 세계속으로 빠져 감칠맛 나는 시를 지어야겠다고 스스로에게 다짐해봅니다.

오늘이 있기까지 가르침주신 교수님과 도움주신 지인분들, 심사위원님, 조선문학에 감사합니다. 늘 사랑과 격려로 보듬어준 남편과 믿음을 준 가족에게도 감사합니다.

시 부문당선 소감을 쓰고 바로 시집을 만들겠다는 욕심으로 차곡차곡 모으고 모은 시들을 세상으로 내 놓으려니 얼굴이 화끈거려 주춤주춤 망설이다가 매를 맞든, 칭찬을 듣든 세상으로 내보내자 마음먹고 숨을 크게 몰아 쉬어봅니다. 읽으시는 독자님마다 시 한행 한연 한수라도 기억될 수 있는 시가 있으면 참 좋겠습니다.

귀한 평설을 써주신 박진환 교수님께 감사합니다.

2010 初冬
저자 씀

序文 · 5

제1부 / 꽃말 혹은 계절 吟

꽃집에서 · 13
봄소식 · 14
가벼운 봄비 · 15
내 가슴에 묻은 향 · 16
벚꽃 · 17
봄향 · 18
꽃반지 · 19
자귀꽃 위에 나비가 되어 · 20
6월 서해에서 · 21
가을 뜨락 · 22
가을산 · 23
장마끝 · 24
소나기 · 25
서리꽃 · 26
눈 · 27
꽃집에 오늘 · 28
밤바다 · 30

파도 · 31
바람이 내게로 와 · 32
바람 · 33
바람을 먹다 · 34

제2부 / 불율(不律)의 서(書)

황순원의 소나기 마을 · 37
붓 · 38
합죽선 · 40
입선(入選) · 42
마음의 고향 · 43
길 · 44
할머니와 손녀 · 46
할머니 생각 · 47
송전 당신은 내게 · 48
오늘은 이야기를 · 50
천지와의 만남 · 52
친구야 보고싶다 · 54
다시 당신을 생각하다 · 56
두 어머니 · 58
감 먹는 아이들 · 60
내일을 향해 · 62
적멸보궁 가는 길 · 64
염주 · 66
말의 씨앗을 얻다 · 68
파문 · 70

마음은 · 72

차라리 웃자 · 73
웃음잔치 · 74

제3부 / 일상으로의 귀환, 기타

솜사탕 · 77
일상으로의 귀환 · 78
토지 안으로 · 80
압록강 · 81
봉래산에 오르니 · 82
두 물이 만나는 곳 · 84
출렁이는 찻집 · 86
뚝배기 터지는 소리 · 88
한모금의 물 · 90
목 디스크 · 91
스키장 · 92
등대불 · 93
남북 · 94
물음표 · 96
지하철 창밖 · 97
해장국집 · 98
도토리 · 100
정릉천 · 102
가슴에 앉혀진 바위덩이 · 104

이면 · 106
변신 · 108
오지 항아리 · 109
감기 · 110
신종플루 · 112
볕들어 좋은 날 · 113
내게로온 잡초 · 114
나 느닷없이 날다 · 116
징검다리 · 118
그 자리에 있다는 것만으로 · 120
새벽의 인사 · 121
서천역 · 122

제4부 / 시집평설

후경의 형상화와 변용의 솜씨 돋보여 / 박진환 · 124

제1부

꽃말 혹은 계절 吟

꽃집에서

꽃과 나비가 혼 섞어
꾸는 호접몽(胡蝶夢)
호접몽 꿈길 따라
한마리 나비되어
훨훨 날며 춤추는

꽃잎일까
나비일까
둘이 아닌 하나인 것을

화혼(花魂)도 접혼(蝶魂)도 둘이 아닌
하나 인 것을

잠시 꽃에 홀려
나를 잃었던 꽃집의 나와
나를 찾아 꽃집을 나선 나도
둘이 아닌 하나인 것을

봄소식

창틈새로 남실 거리며 콧등을 스쳐 살랑 스며 든
연초록 당신이 밝은 가락으로 나에게 다가와
신록의 싱그러운 풀 내음에 저려 숨을 멎게합니다

내 안의 강물같이 찰랑이는 작은 뜰에
무지개 빛으로 한가득 피어난 꽃들을
당신은 보듬어 안고 어루만져 춤을 추게합니다

이 봄의 주인이신 당신은 아침노을과 같이 자주빛으로
얼어 붙어 잠자는 작은 미소들을 진한 사랑으로
깨우고 이르켜 세워 내게로 실어올 환한 빛입니다

가벼운 봄비

차창으로 흐르는 빗줄기가
한사코 회초리질이다
유리창 대신
젖은 가슴이 아파온다

우수 때문일까
젖은 가슴 때문일까
까닭 모를 아픔

터널을 지나서니
산허리 물안개가
구름을 말아 올리고
무릎위에 놓여진 그림
연잎 위로 구르는 물방울이
은빛으로 반짝인다

연꽃 위에 앉아 웃고 있는
내 마음의 비도 그쳤다

내 가슴에 묻은 향

깨물어 뜯고 싶은 향에
따 올린 난꽃 한 송이
당신께 보내려고
책갈피에 끼웁니다

기다리다 잃어버린 꽃송이
사랑이란 글자 위에
짓눌리고
피 흘려 사랑 붉게 지워 버리고
빛바래고 진 빠져 핏기 없는
꽃송이 가련히 바라봅니다

가슴 아리어 보내지 못하고
당신 얼굴 그리기만 할뿐
내 가슴에 묻습니다

벚꽃

먼산
다투어 핀 벚꽃
구름인양 산허리에 걸려 있고

앞뜰
가지마다 날리는 꽃잎
꽃비되어 내린다

꽃비 맞으며
걷는 길
젖어도 젖어도 젖지않는
육신 대신
빨갛게 가슴이
젖는다

봄향

양지쪽
잔설 녹은 물로 목축이고 자란 냉이
갈퀴손으로 캐어낸다

살짝 데친
연초록 잎에 감췄다 드러낸
뽀얀 하얀 속살 눈이 부시다

양념으로 맛 내기도 전
꼴깍거리는 입질에 물려
알몸인 채 입안으로 쏙 들어 온다

맴도는 냉이만의 향긋함
그 조잘거리는 병아리 모이 찾는 소리를
입안 가득 깨물며

봄 노래를 흥얼 그려본다

꽃반지

금잔디 사이로
다소곳이 고개숙여 내민
수정빛 반지꽃
코흘리개 아이적에
반지 만들어 끼워주며
내 색시가 되라던 사내아이
싫다고 얼굴 빨개
징징대던 계집아이
이제는 손녀에게
반지 만들어 끼워주며
예쁘다 예쁘다
손등 쓰다듬으며
그날
그 아이들 그려 본다

자귀꽃 위에 나비가 되어

자귀꽃을 바라보면
나는 나비가 된다

볼을 대면
간질간질 간질이고
입을 대면
보드라운 손녀 입김 같은
핑크빛 연지를 묻힌
연지솔 같은 보드라운 털꽃
송이송이 하늘을 향해 곱게 펼쳐져
언제라도 날아오를 것 같은 요술 융단

꽃과 나비 하나 되어
근심 걱정 다 털어 버리고
마냥 하하 호호 대며
춤도 추고
숨바꼭질도 하며
끝없이 날아오른다

6월 서해에서

영종도 을왕동 유격 백마부대 충혼비 522위*
서해 천안함 침몰 전사자 46위
그리고 한 주호 혼령
이들의 영혼들은 서해에서 만났을까
을왕동 앞바다는
게거품을 물고 철썩철썩 출렁일 뿐이다

풋풋하고 활기가 용솟음치는 푸른 바람과
붉은 줄장미꽃 담장타고
활활 타올라 이글대며 피워내는 향기

그러나
6월의 서해바다는 장미꽃이 아닌
흰 국화 무더기로 파도가 되어 내게 온다

* 황해 망망대해 유격전 계급 군번 없는 의병신분으로 평북지역 애국청년들과 학생들로 유격백마부대를 창설, 조국수호를 위해 전사한 522위 영령들의 명복을 빌기 위하여 생존 전우들이 건립한 비이다(충혼비에서 발췌).

가을 뜨락

낙엽은 초청장
안내문 대신
발자국 찍어
따라 오란다

낙엽은 피로 쓴
편지
눈으로 읽지 말고
가슴으로 읽으란다

가을 뜨락에 앉아
낙엽 벗하면
누구에겐가 보내고 싶은
피로 쓴
초청장과
편지가 있다

가을산

봄은 여자의 계절
가을은 남자의 계절이라더니
웬걸
색동옷 차려입은 무희들
가을바람 났나 보다

얼씨구
굽어보다 산도 바람기 도졌는지
시나 읊으며
취해 보라고 한다

술에도
시에도 취할줄 모르는
여심만
탄성대신 손 흔들어
눈인사만 보낸다

장마끝

맴맴
맴을 돌면 어지럽지

맴만 어지럽나
땡볕 연옥살이 멀미도
어지럽지

맴맴 말아가는
장마꼬리 끝으로 몰려오는
삽상한 바람 한자락

맴맴
풀린다
감겼던 여름날의 멀미

소나기

우르르 쾅쾅
아마도 삼형제
깡패들이 지나갈 모양이다

차고 가는 발길질에
파도도 등을 움츠리며
허리틀고
백사장에도 파인 발자국이
찍혀있다

망할놈의
깡패들
푸념하며 고개들어 바라보는
수평선 저쪽
무지개 하나
서기를 뿜고 있다

서리꽃

옥분도 아니고
꽃잎도 아닌 것이
마른잎 줄기마다
서리서리 꽃잎 맺는
빙점에서만 피는
서리꽃

사나흘 피었다 지는
꽃과는 달리
햇볕 빙점 딛고 올라서면
이내 지고 마는 꽃

꽃이기엔 부끄럽고
부끄러움으로는 피우지 못한
꽃 대신 꽃잎자리 지키는
서리꽃

눈

세상이 온통
바퀴 돌아가는 굉음
고함으로 질러대는 소음
비웃고 흉보며 속삭이는
잡음 천지인데

소록 소록
소곤 소곤
보시락 보시락
분명 지상의 소리가 아닌
낮은 저 소리는
하느님의 말씀일까
천사들의 귀엣 말일까

말씀과
귀엣말 귀동냥하며 세운 밤의
평화가 가져다 준
아침은 빛 나라
은세계

꽃집에 오늘

자줏빛 호접난
연두빛 망사
주름잡아 옷 입은 화분

리본에
축하문구와 이름을 쓰려고
컴퓨터 앞에 놓인다

작은 상자
벼루 먹물 붓 챙겨
능숙한 솜씨로
가지런히 써내려가는
붓놀림이 명품인 반백의 아저씨
안개속으로
자전거 페달 밟는 소리가
아련히 들리는 듯 한데

컴퓨터가

쏟아내는 정교한 글자
리본을
달아매는 아가씨의 미소

창 밖에는
넘쳐나는
아파트와 인스턴트 식품들
활개치는 오늘이 그냥 찡하다

밤바다

한사코 혓바닥으로 핥아대는
입질로
꿀꺽 낙일을 삼켜버린다

가시라도 돋혔던 것일까
가시에 찔려 복부라도 터진 것일까
바다는 금새
피를 토해낸다

복면을 뒤집어 쓴 어둠이
드라큘라의 혓바닥을 내밀고
피를 핥는다

바다는 서서히
어둠속으로 침잠한다

파도

바람을 몰고 산더미 같이 몰려오는
당신 앞에 서 있자니
흑흑 느껴와
숨을 쉴 수가 없어 질식 할것같습니다

바위에 부딪쳐 아픔을 거품으로 게워내고
이슬되어 흩어져

잔잔해진
당신안으로 뛰어 안겨
까맣게 된 가슴
속속들이 스민
허우적대는 삶을 풀어 내 놓고

눈 감아
짜릿하게 젖어드는 감동으로
알몸이 되어
당신과 함께 춤을 춥니다

바람이 내게로 와

주저앉은 나와
빤히 마주 보는 산

소나무 가지들에 걸친
초록 햇살과 함께
돌돌거리는 물의 속삭임
또르륵 거리는 풀벌레소리
찌르륵 거리는 산새들의 노래소리
갖가지 들꽃 들풀들의 향기

청량한 멜로디와 꽃들의 향을
바람에 실어 보낸
마주보는 산의 배려에

가슴속 응어리가
봄볕에 눈 녹듯 녹아 내려
내게로 온 바람을 타고 날아올라
꽃잎에 앉아 꽃향을 먹는다

바람

수고로운 하루를 접고
허덕여온 일상을 거두어
저녁놀 앞에하고
뜨락에 서면

나를 불러내려는 듯
휘파람 불며 오신
당신

당신등에 업혀온
달빛
뜰 가득히 고여 출렁이면

가슴으로 길러온
아픔 하나
시를 토해 놓고
산욕이듯 지친 몸
풀어봅니다

바람을 먹다

라일락 꽃가지 흔들어 향 뿌리곤
제향에 취해 맴맴 돌다가
유채꽃 평원에 나자빠진
바람

청보리밭둑 베개삼아 잠들었다가
꿈결인듯 졸졸졸
냇물 속삭임에 잠깨
성큼성큼 징검다리 뛰어 건너
나비등에 업혀가는
바람

조막손으로 훔쳐다
손녀딸이 꼴깍 삼키고
굽은등 두들겨 펴는 늙은 할머니가
빠진 이 사이로 흑흑
들어마신다

제2부

불율(不律)의 서(書)

황순원의 소나기 마을

인공소나기에 쫓긴 움막에서
소년 소녀가 건넸을 숨결을 골라 본다
얼룩진 황토무늬에 묻어났던
소년의 사랑을
소녀는 청명에서도 간직하고 있을까
소나기에 젖으면
그런 빛깔의 가슴이 될까
흠뻑 소나기에 젖고 싶다
젖은 가슴으로
지우지 못한 얼룩 문지르면
피어날까
소년 소녀의 가슴에
피같은 빛깔의 사랑으로

붓

보송보송 말려진 몸
묵향에 이끌려
벼루의 웅덩이로
보스락 소리를 내며
두 서너 물방울로
숨을 내쉬고 잠겨
몸을 고르게 풀어 추스른다

시인의 마음을 속속들이
파고들어 휘돌아
마음을 차분히 가다듬고
곧고 도도하게 세워진 몸매로
하얀 설원에
사뿐히 내려선다

중봉으로 역입하고 회봉하며
둥글게 모나게
천천히 힘있게

날카롭고 날렵하게

사각사각 사르르
리듬을 타고 신명나게
한마당 놀고 난 자리
검푸른 숲을 만든다

일상을 벗어나
가지런한 모습으로 돌아온다
나도 조용히 그 숲에 서본다

합죽선

이마며 콧등 골골 마다
송골송골 맺은 땀 방울
적삼 단추 살짝 열어
하느작하느작 난향이
품으로 들어와 가득한데
시샘하듯
살랑살랑 국화 향이
쪽빛 바람 일으켜 서늘하다

열네 마디 겉대에 서른 여덟 살을
부레풀로 붙여 황칠하고
뽀얀 한지 곱게 입혀
글씨도 쓰고 그림도 그려

단옷날
건네주고 건네 받아
얼굴 가려 예의도 갖추고
손바닥 꾹꾹 눌러 건강도 챙기고

어둑한 고샅길 당당하게 걷는다

살랑살랑
싱그러운 하늬바람 타고
은은한 묵향에 이끌려
눈도 귀도 닫고
가슴 덮어 사르르 선경에 든다

입선(入選)

뜯고 할퀴고
찢어낸 뒤에야 얻어진 자리
반짝반짝 탱글탱글
빛이 나야할 그 자리가
축 처져 대롱대롱
화려하게 치장한 것들 구석에 막혀
꿰달린 듯 안쓰럽다

중앙에도 옆에도
별을 단 장군 모양
당당하게 버티고 걸린
그늘이 드리워져서인가

숨도 크게 쉴 사이 없이
힘겹게 달려온 시간들
순간에 녹아내려
후우..... 허공을 맴돈다
"쓰잘데없는 것이여. 다 버려버러"

마음의 고향

연 전에 지인이
올해 유난히 풍성하다고
한 바구니 가득 보내준
뾰주리감맛 인정삼아

매발톱난 며느리밥풀꽃
붓꽃 구절초꽃
바꿔가며 피는 조촐한 연못 옆
두 그루의 뾰주리 감나무
꽃노래 부르며 찾아와 보니

뾰주리 감나무가
고층 아파트 되어 우뚝 서 있다
맥 빠져 딱 벌어진 입 추스르니
한점 마음의 고향이 됐다

길

할머니는 성당으로
엄마는 절로
딸은 교회로

각기 다른 길로
한보따리 짐을 짊어지고
끙끙대며 걸어가고 있다

짐 속엔
지구도
나라도
조상도
남편도
자식도
무게는 각기 달라도
같은 짐을 한 보따리 짊어지고 간다

할머니는 성모님 앞에

엄마는 부처님 앞에
딸은 예수님 앞에
원을 세워 기도하고
하나 둘 짐을 풀어내려놓곤

빈 몸이 되어
같은 길을 가볍게 걸어가고 있다
감사하면서

할머니와 손녀

거울 앞에 서니
아주아주 오래전에 떠나신
할머니가 거기에 서 계신다

이마에 주름을 만지며
“이거 왜 그래 아파”
신기한듯 쓰다듬어
아장바장거리며 묻던 앙징스런 손녀
“긴 세월 먹을 것 못 먹을 것
아주 많이 먹어서 생긴것 이란다”
“할머니 혼자
몰래 몰래 먹어서 그런 거구나”

오늘 문득 그 생각이 나서
웃지도 울지도 못하고
거울 앞에 선다
텐더프리미엄 쿠키를 먹는데도
자꾸 눈물이 난다

할머니 생각

우연히 마주친 봉숭아꽃
할머니 생각에 시간을 돌이킨다
얼레빗질 참빗질 고루해서
귀밑머리 총총 땋아
갈래머리 반들반들 땋아 놓으시고

봉숭아꽃에
백반가루 넣어 콩콩찧어
손톱위에 올려 놓으시고
팥잎에 싸서 실로 꼭꼭묶어 매신다
손가락이 절여와
오만상을 찌푸려 아파하면

부채로 부쳐주시며
한숨자고 일어나라고
억지로 낮잠을 재우신 할머니
앞가르마 쪽지은 얼굴
아련히 떠올라
눈물꽃으로 방긋댄다

송전 당신은 내게

당신은
매마른 가슴을
촉촉이 적셔주는
봄비 같은 사람입니다

문방사우를
봇짐으로 짊어지고
같은 길을 왔고
온것 보다 먼길 함께 하는
지인이기 보다는
동행인 입니다

짊어진 등짐의 무게에
울고 웃는 나를
등 토닥거려 어루만져주고
보듬어주는 당신은
내가
안기고 싶은

넓고 포근한 품 같은 사람입니다

이제
짊어진 봇짐을
한권의 책으로 맺음하시는
당신은
나의 꿈을 무지개로 피워주시는

비개인
열린 하늘 자락 같은 분입니다

오늘은 이야기를

꿈으로 와 일상처럼
당신이 의자에 앉거나
창가에 서 있거나 해도
불편함이 없지요

오늘은 얼굴 마주하고
오랜 날
웃고 성내고 삐치었던 일들
송이송이 엮어
한 광주리 정물로 담아요

담긴 정물들
그리움이라도 이는 날엔
깎고 쪼개 상차림 하여
함께 나눠요

그 일상들을
다시 상차림하여

끼룩대며 감정을 털어내놓고
당신의 뒤안길을 그리며
살아가는 것 만으로도
감사함을 배웁니다

천지와의 만남

곡예운전을 하며
아스라이 오르는 굽돌이 길을
지프가 달린다

지상과 천상 어디쯤일까
가 닿은 곳에
타원형의 살아 숨 쉬는 물결로
펼쳐진 천지
경악의 가슴 쓸어내리며
눈들어 둘러보는
열두 폭 병풍처럼 천지를 둘러친
괴석들이
초여름인데도
벙거지로 눈을 뒤집어쓰고 있다

날씨와 함께 운이 좋아
천지 앞에 했다는 운전기사의 말
멀리서 들려오는 산울림처럼

귀동냥하며 가슴에 서려오는
영봉의 서기로 가슴을 적셔 본다

언젠가는 지진이 있을 것이란
지워버리고 싶은 보도
영원토록 재앙이 없기를
산신령님께 빌어 본다

친구야 보고싶다

잘 지내지
여고 시절 교지에 실린 글
국어선생님께 칭찬 들을 때
대각선으로 마주친 눈
진심으로 박수치며 미소 짓던
네 모습 생각난다
글 짓고 싶은 마음 버리지 못하고
한켠에 꾀어 찬채
남의 글만 십 수년 붓글씨 써오니
아쉬움 속에 글 짓자 욕심내어 봤지만
한 가지만 잘하자 선뜻 마음 못내다
붓 꺾고 싶은 만큼 마음 다친 일 이후
두렵고 설레이고 긴장된 마음으로
상상의 세계 속으로 빠지고 싶어
시창작 강의실 문을 두드렸다
횅하고 낯선 옆자리
네 정겨운 모습 있으면 좋으련만
친구야 모든 핑계 치우고

만나
끓는 가슴 맞대고
뜨거운 눈물 흐르도록 웃어보자

다시 당신을 생각하다

하나 둘 밀려와선
왁자지껄 하하 호호
우르르 몰려나간 뒤

호젓함으로 오싹 으스스 춥습니다
아이처럼 파고들어 녹일
당신의 품 안이 그립습니다

가슴이 저미는 아픔을
막무가내로 파고들어
그냥 울어도 좋을
당신의 품안이 그립습니다

그물을
던져도 던져도 낚아질 것 없는
허하고 텅 빈자리
포근함으로 가득 채워줄
당신의 품안이 그립습니다

당신도 나처럼 눈물이 흐르나요
서로 보듬어 안을까요
허기를 채워 조금은 나아지게요

두 어머니

엄마 엄마
하루에도 열두 번씩 불러 이십 일년 응석도 투정도 모두 품어 주시더니 고개 끄덕일 만큼 흡족 치 못한 아쉬움을 안으신 채 생면부지의 가문에 보내시며 아직 어려서… 말끝도 맺지 못하고 얼버무리시며 꽃처럼 어여삐 봐주십사 고개 깊이 숙여 인사하시고 보석같이 아끼라 간곡한 눈길로 사위 손 잡고 토닥이신 애잔한 그 모습 떠올라 눈시울 뜨거워지며 미소 짓는다

어머니 어머니
이십 일년 길들여진 습관 다 버리고 살갑게 다가온 가르침 받아 이십 칠년 조상 모시기를 깎듯이 하라시고 화목의 으뜸은 밥상에 웃음꽃을 피우는 것 이라시고 자손들 잘 가르쳐 가문을 융성케 하라시고 장맛을 변치 않게 챙기라 다독여주시며 손자 업어 자장 노래 흥얼대신 어머니

사랑이란 울타리 안에
욕망의 그릇 속에 묻혀
부딪치고 깨지고 멍들고 아물어
나 자신으로 살 수 없던 일상들
사위 며느리 손자 손녀 맞아
시나브로 걸어온 이 자리가
두 분의 자리를 향하여 온 길인 줄이야

성묘 다녀 오는 길
차창 너머로 손흔드는 코스모스를 바라본다
가을빛이 고즈넉하다

감 먹는 아이들

바구니 안에 열 개의 침시감
커다란 접시 하나 놓고
여섯 손자 접시 주위에 앉히신 할머니

능숙한 솜씨로 감을 깎으시며
막내야 우리식구가 몇이지
입안에서 오물오물 외우며
고사리 손가락을 몇 번이나 꼽았다 폈다
한참 만에야 열 한다

침 삼키는 소리가 확성기를 탄다
한 사람이 넷 쪽씩 먹는다
말씀이 떨어지기 무섭게
흙 만지던 손으로
콧물 찍 씻던 손으로 먹기 내기한다

만취한 할아버지
갈지자 걸음으로 들어오시며

저 강아지들 처먹여 살리려고
아비 어미 뼈골 빠진다 하신다

그래도 할머니는 감을 깎으시고
손자들 끼룩 끼룩 끽끽대며
콧물 섞어 맛있게 먹기에 바쁘다

내일을 향해

일상의 주워진 일들
틀 위에 세워 놓고
걸어라 뛰어라 하면서

여기서 머리를 쿡 쥐어 박는다
코피가 터져 난장판이다
쓰러질 듯 쓰러질 듯 휘청인다

저기서 가슴을 퍽 친다
멍이 잉크 빛이다 머리를 흔든다

거기서 엉덩이를 질러 찬다
앞으로 푹 고꾸라져서
얼굴이 만신창이다

그대로 잠깐
누웠다 일어나도 좋을 것을

내일
돈을 볕이 잡혀질까
비틀 휘청 거린다

적멸보궁 가는 길

초향 공양미 챙긴 작은 걸망을 메고

잠에 취한 체
손전등 행렬에
다져진 눈길 산비탈을 엉금거린다
누군가 넘어져 빛의 행렬이 멈춰서면
잠을 깨고
미끄러지는 발을 세워 더듬거리며

오른 산등성이
'와'하는 함성이 터져 허공에 꽂힌다
에메랄드빛 하늘인지 바다인지 모를
출렁이는 오징어배
반짝이는 황금빛 집어등을 싣고 떠다니고
잎새 없는 나무 가지엔
황금열매가 주렁주렁 열려있다
가지를 흔들면
금방이라도

머리위로 쏟아질것 같아
손을 뻗칠 수가 없다
밝음 맑음 상큼함에 빠져
눈을 감아 전율 한다

놀라 눈을 뜨니
건너 산에서
해오름이 시작 됐다
환상에 잡혀 극락에 날아갔다 온듯
나를 가눌 수 없어 하얗다

염주

정좌하고
한알 한알 조심스레 돌린다
얼마를 돌리고 더 돌리면
악연의 고리가 끊어져 나갈까
끊어져 나가
새 연으로 마디하여 엮일까

염주는 쉬지 않고 돌아 가건만
가로 막아 선 절벽
칠흑의 어둠
소리치는 폭풍은
한발짝도 물러서지 않는다

염주알 닳아 없어 질때까지
세고 또 세면
비우고 비워져
하얀 마음 채워 질 수 있을까
채워져

님의 미소 앞에 설 수 있을까

맡기자 맡기자 맡기자
비우자 비우자 모두 비우자
다 버리고 나면
하얀 마음
한송이 연화로라도 벙글 수 있을까

말의 씨앗을 얻다

바위덩이 매어 달린 듯
어깨가 무겁다

가족이란 짐 위에
문방사우를 봇짐으로
국전이란 짐을 덤으로 짊어졌으니
무게와 무게가 겹친 한 짐이 아니던가

천둥번개 날벼락 치는 날이면
잔잔한 수평선을 그리며
가슴을 쓸어내리고
우박이 쏟아지는 날엔
구름 한 점 없는 파란 하늘을 꿈꾸며
스스로 달래고 견딘 세월인데

이젠 목 디스크
꿈도 그림도 무엇도 아닌
도끼로 찍어내는 통증에

주저 없이 내려놓아야 할 것 같다

이 밤
바위덩이가 자디잔 말의 씨앗이 되어
백지 위에 쏟아져 내린다

파문

구름다리 밑으로
하늘이 깊다

물총새 벚나무 사이로
파드득파드득 헤엄치고
진달래꽃 아래로
아슬아슬 나비 헤엄친다
정자 사이로 물고기떼 꼬리
살랑살랑 흐르고

구름사이로 내민
긴 세월 잡아먹은 얼굴 하나

사랑도 먹고
아픔도 삼키고
기쁨도 먹고
슬픔도 삼킨
주름깊은 얼굴 하나

울컥 눈물 방울방울
뚝뚝 떨어져
저만치
얼굴 하나 흐트러진
파문으로 퍼진다

마음은

내 이름은
아줌마도 아니고
할머니 할머니란다

컴맹이긴 해도
들꽃향이
마음속에 스며 취해
애련함이 절절하고
구르는 낙엽을 밟을 때
가슴시려
저미는 아픔을 함께 하기도 하고
객석에 앉으면
터지는 함성 속으로 풍덩 빠져
허우적 대기도 하는

가슴 가득
솜털이 보송보송 돋아있는
꽃띠 계집아이 입니다

차라리 웃자

가슴 가득
고름 응어리
장미꽃밭에 뒹굴려
가시에 찔려
피고름 내 놓고
꽃잎을 붙여
상처를 아물게 하고파
찾아온 장미원

장미가시 어리고
장미꽃 피지도 않아

마음은
청보리 밭에 누워
한나절 구름 타고
짐짓
딴청을 부리고 웃고 있다

웃음잔치

밤새 몰래 내린 비로
샤워를 했는지 장독대 장항아리
아침 햇살 받아
반짝 반질 웃고 있다

간장 가득
참숯 빛으로 찰랑 웃고
된장 가득
금빛으로 방실 웃고
고추장 가득
선지빛 홍당무로 하하하 웃는다

장독대 틈새
민들레 솜털 홑씨
날을 준비하며
하얗게 웃고
먼지 쌓인
엉크러진 내 마음 솜털 돼
홑씨에 싣고 날기 위해 호호호 웃는다

제3부

일상으로의 귀환, 기타

솜사탕

파도처럼 몰려온 피로가
멀미를 일으킨다
무릎을 곤두세우고
아픈 허리를 쪽배처럼 펴본다

칼바람을 일으키는 생각들이
안개이불에 덮힌체 방황하며
빙글빙글 돌고 돈다

물새처럼
깔깔거리며 달려오는
손녀를
가슴안으로 끌어 품고
뒹굴뒹굴 뒹굴면

어느새
동화 속 요술쟁이 할멈이 되어
솜사탕구름을 타고
쪽빛 바다 위를 날아다닌다

일상으로의 귀환

방망이로 얻어 맞은 듯
멍한 머리
아리고 저민 가슴
패자의 몫으로 품어본다

승자에게 낮은 자세로
꽃다발을 안긴다
속으로는 네까짓게 하는 분노가
가슴을 헤집어 호미질 한다

지켜봐준 지인들이며
식구들 앞에
비맞은 생쥐꼴로 서보는
말이아닌 모양세

꽃이 피는지 지는지
산야가 푸른지 붉은지
하얀지도 아랑곳 않고 살아온

나날들

가면을 쓰고
무대에 올려진 배우가 되어
하하하 헛웃음 터뜨리며
일상으로 나선다

토지 안으로

섬진강변 평사리
최참판댁 아흔 아홉 칸
대청마루에 오르니
내가 한없이 작아진다

세월의 뒤안길에
서성이던 서희아씨 별당
고즈넉한 뜨락 연못
금붕어만 뻐끔댄다

박경리 서희와 손잡고
황금색 은행잎 쌓인
돌담 고샅길
바람이 되어 소리 없이 걷고 있다

압록강

출렁이며 둑까지 차올라 흐르는 검푸른 강물이
경계선을 그으며 흘러간다
강 건너엔 돌아 갈 수 없는 두고 온 산하

젖은 시야에 들어오는
을씨년스럽게 서 있는 건물 한 체와
건물의 등에 업힌 나무들이 거의 없는 민둥산

재보지 않고도 척도 되는
강의 깊이와 넓이는
강 아닌
이데올로기라는 또 다른 강의
대안이자 수심이다

눈물 방울방울 강물에 보태며
건너갈 수 없는 강을 앞에 하고
돌아서는 발걸음에 찍히는
나직한 흐느낌

봉래산에 오르니

금강호 선상 서예전
금강산 봉래산 풍악산 개골산을
주제로한 주옥같은 글들이
묵향으로 산색을 채색한다

내친김에 오르는 봉래산
바위에 새겨진 문구들 낯설고
굽이굽이 계곡을 딛고 일어선 봉우리의
괴암 괴석들이
으르렁 으르렁 울부짖으며 접근을 경계한다
일진의 천둥소리에 놀라 바라보니
갈기세운 백마떼로 떨어지는 구룡폭포
정자에 기대선 체
입도 가슴도 “와”하고 열린채로 굳어져
움직일 수 조차 없는 입석이 되고 만다

선인들이 읊어대고 노래한 금강산
한 구절도 읊지 못한체 뒤로하는

발걸음만 무겁다

선상에 오르니
묵향에 취한 글씨들이
봉래산 풍광과 어울려
아른아른 춤사위로 몸을 푼다

두 물이 만나는 곳

야트막하게 쌓은 담장 밖
나부끼는 물풀 위로
잠자리 한 쌍이
원을 만들어 가볍게 날고
물풀 숲에
물새 가족들이 구구대며 나들이 중이다

물방울을 머금은 연잎 위에
막 태어난 청개구리가 힘에 겨워 졸고
연잎 아래에선
꼬리를 떼어 내지 못한 개구리가
살랑거리며 헤엄을 친다

느티나무를 가로수로 하고
방금 싸리비로 쓸어 낸 듯
비 자국이 생생한 어릴적 걷던
정갈한 흙길
굽이굽이 흘러 내려오다

두물이 만나는 곳
아름드리 느티나무 정자 아래
간간이 들리는 매미 소리를 벗 삼아
할아버지의 할아버지가
고인돌을 장기판으로 장기를 두었을 것 같은
그 곳

나룻터에선
황포돛단배가 다시 출렁이고
견우 직녀가 만나는
7월이 오고 있다

출렁이는 찻집

영종도 김찬삼 세계여행 문화원에 있는
찻집 갑판위에 앉으니
바다 멀리 월미도를 향해
출렁이는 물결 따라 내가 가고 있다

차 한 잔
한 모금을 입에 무니
베니스 골목을
콘도라를 타고 포샤의 명판결문이 생각나
손벽 쳐 가며 가고 있다

또 한 모금을 머금으니
신기루 속으로
에펠탑을 향해
노틀담 대성당에서 콰지모도가 울리는
종소리를 들으며
마리안느를 옆으로 세느강을 흘러가고 있다

다시 한 모금에 눈을 감으니
무지개를 안고 가물대는 안개속에서
금문교를 향해 가고있다
알카트래즈섬 악명높은 감옥
울렁거린다

차 한 잔을 다 마시고야 갑판위에서 내려서
잔디밭을 걷는다

뚝배기 터지는 소리

밥상 차림 도와줄래
잠깐만요

저녁 잡숫죠
잠깐만

밥먹자
먼저 잡수셔요

저녁 식탁 외면하고
제 일들 밥상으로 마주한 식구들 한켠
운김없이 텅빈자리
무국이 썰렁하게 식어가고 있다
달그락달그락 숟갈 대신
컴퓨터 자판 두들기는 소리 풀무질 되어
열불이 치솟아 가슴 터진다

나만 먹고 치울거야

씩씩 칼을 갈면서
내손은 어느새
텔레비전 전원을 누르고 있다

임시국회 마지막 날
민생법안 다 놔두고
집단 퇴장한 빈자리
앵커의 목소리가 날카롭다

한모금의 물

울컥 치솟아
목이 죄어오면
맹물을 마신다

박카스로도
활명수나 원비로도 넘기지 못한
울컥증을 갈아 앉히는
맹물

맹물의 이치를 아는가
그 묘약의 약리를 아는가

약의 효험이 없으면서도
약으로는 다스릴 수 없는
약발

그것은 처방전이 없는
울화를 꺼주기 때문이다

목 디스크

침 삼키지 말란다
감겨진 눈으로 펼치는
터널이 내게로 오는지
내가 터널로 들어 가는지
분간 할 수 없는 착란

M R I 가
찍어낸 신비의 세계
혀는 제집에
둥지를 틀어 앉았고
하얀 목뼈 다섯 여섯 사이
풀린 깜장 연골이 흘렀다

부딪치고 찢기는
뇌신경과 연골의 싸움에
몸뚱이 쉽고 아파
찬밥 신세 못면하는데
근육키울 운동에
비지땀만 흘린다

스키장

재즈코스 스키장
아들이 하늘을 향해 날고 있다
눈 바람을 가르며 춤을 춘다

바람이 눈사태로 몰려와
아비의 얼굴을 때린다
코피가 터져
설원에 꽃밭을 만들고
아들은 비상하듯
꽃밭을 날은다

아비의
멋을줄 모르는 코피
아랑곳 하지않고
춤을 추듯 마냥 손을 흔드는 아비

오!
아비와 아들을
보살피소서

등대불

물안개 속을
떠도는
도깨비불

불 따라
가다보면 저 쪽에서 반짝
반짝이는 쪽으로 가다보면
이쪽에서 반짝

표류하는
뗏목위에 몸 실은 나
반짝반짝 도깨비불 쫓아
노젓고 있다

남북

무엇이 못땅하여
보따리를 싸야 할지 모른다고 하시고
무슨 할 말이 많아
하루 더 있다 가라 하시기도 하고
친척집에 갈 때 정례적으로 가느냐
수시로 가는 것이지 하기도 하고
베이징 올림픽을 육로로 갈까
응원단을 단일팀으로 할까도 하고

백두산, 해주, 평양, 금강산, 개성, 신의주
이름만 들어도 가슴 벅차 두근대는데
평양 식물원에
한라산 백록담 흙과 백두산 천지흙을
합토해 심은 반송나무 보고 싶습니다

이자든 삼자든 어떤 회담이 됐든
악수하고 끌어안으며 빰 맞대고
"좋습니다 그렇게 합시다"한다면

내 때에 그어진 노란선
내 있을 때 지워지는 것
볼 수 있으면 참 좋겠습니다

물음표

– 노 대통령 무덤앞에

당신 무덤 앞에
비 하나 세우렵니다

비명요?
하많은 사연 어찌 다 새깁니까
? 하나 찍어 넣으렵니다

들르는 이마다
? 하나 가슴에 심고가
어느날엔가 꽃잎으로 피어나면
그것이 당신의 뜻이겠지요

지하철 창밖

서 있는 사람 없는 텅빈 차안
창밖이 없는 창이 늘어서 있다
창엔 앉은 사람들로 꽉차 있다
문이 열리고
양옆 자리 비워지고
다시 채워지고
나고 드는 모습을 창으로 본다
양쪽 옆자리 눈길이 따갑다
일행인가 봐요
예하는 대답이 일초도 안 걸린다
자리에서 일어나니
고맙다는 인사 대신
고품격 센스란다
어지럽다 눈을 감자

해장국집

해장국 뚝배기 뽀글뽀글
쟁반 위에 앉아 날아 다닌다
여기 저기서
아줌마, 아줌마, 아줌마
부르는 소리가
유행가 가사로 음을 탄다

눈물 콧물 흘리며
덕순아 소리치기도 하고
하하 호호
한 이야기 또 하고 또 하고
마음이 마음속으로 들어 가
술 한 잔에
깍두기 우적우적 씹으며
흘린 국물 입술을 닦는다
덤으로 올려진 선지가 식어간다

청계천이 그냥 흘러가듯

피막골도
순간들의 아쉬움을 접고
그냥 흐르는대로 흐를 것이다

도토리

올해는 유난히 많이 핀 꽃
꽃이 떨어져 비질 할때마다
싸리비에 엉겨 짜증나게 한다

밤꽃이라면

울창한 숲으로
매미도 부르고 새들도 불러
시원한 여름을 만들고

구리 빛 단풍 사이로
탁탁 경쾌한 소리를 내며
한알 두알 도토리가 떨어진다
주워 모으는 재미가 쏠쏠하다

햇볕에 쫙 쏟으니
하얀 애벌레가 꼼틀거리며
도토리 밑으로 숨바꼭질 한다

급한 놈들은 작은 나방으로 날아오른다

건져진 알갱이는 옷을 벗고
가루로 묵으로 탈바꿈하여
막걸리 사발과 상에 올랐다

밤이길 바란 마음 미안해 피식 웃는다

도토리와 건배
못다푼 숙제 이고 안고 업고
이 가을을 오롯이 갈무리 한다

정릉천

삼각산 보국문 계곡 따라
폭포도 이루고 웅덩이도 만들어
청명한 소리로 흐르는 큰 개천 찬내

복 더위에 땀으로 흥건히 젖은 적삼 빨래 이신 엄마의 행주치마잡고 총총걸음

깡충깡충 뛰어 닿은 개천 손 시리게 차디찬 물 엄마는 방망이질 빨래하시고

나는 물방개 소금쟁이 가재 송사리.......고무신 안에 잡아넣느라 첨벙첨벙

물에빠져 더운줄도 모르고 너른 바위에 빨래너시고 하얀 긴 고쟁이 입으신 채

물에 몸 담그시고 땀 식히시는 엄마
빨이 아린 겨울 김이 모락모락 피어오르는 삶은 빨래

방망이로 얼음 깨시고

손 호호부시면서도 물이 따뜻하다 하시며 방망이질 빨래 하시고 나는 동생들과 깔깔 낄낄 티격태격 떠지껄하게 썰매타고 팽이 돌리던 곳

어느날 콘크리트로 덮여져
차도 달리고 시장도 생겼다
아래로 검정물 흐르고
시지근한 흰 이끼낀 그곳

오늘 그날의 그 맛은 없지만
색동 철 다리 얹혀지고
가지런히 쌓아 올린 돌틈으로 들풀 솟아나고
철쭉 붓꽃 억새 작은 꽃밭 만들어 흐르게된 개천
아기자기한 신혼의 봄밤
아글짜글한 꽃바람 일것 같다

가슴에 앉혀진 바위덩이

햇살이 창을 노크하면
눈떠 만나는 계절 따라 바뀌는 산
하얀집과 붉은 벽돌집 사이사이로
햇빛과 바람따라 흔들리는
다른 빛깔의 나무들을 만나면서
하루의 일상을 시작한다

어느날
평온한 앞집 뒷집 사이에
천으로 울타리 치더니
우주에서 쾅 하고 떨어졌나
산더미 같은 시멘트 덩이가 앉았다

이동네 저동네로 갈라
벽을 만들고
이산 풍경 저산 풍경
가리개가 되어

답답하다고
소리도 치고 발도 콩콩 구르지만
거인에게 밟혀
뭉게진 개미떼들처럼
우왕좌왕 하다가
불 끓는 가슴안에
바위덩이 하나 앉혔다

이면

산모롱이 돌아 눈에 들어온
꽁꽁 얼어 붙은 작은 폭포
잘생긴 바위 위에
눈꽃을 피워 올린 소나무의 군락
맑고 아름다운 풍광에 이끌려
숨가쁘게 닿았다
모두 내 안으로 들어와
환한 빛으로 쾌청하다

가냘프게 돌돌돌 속삭임 소리에
귀를 쫑긋 세운다 흔적이 없다

작은 웅덩이 빙판 위에 쌓아 올린 돌무더기
폭포 깨어나 기지개 펴며 꿈틀대고
버들가지 움트고
무심히 놀던 송사리들
게으름 피우며 눈뜬 개구리들
녹아 내린 돌 무더기에

치이지나 않을까

마음은 잿빛 안개 되어 아려온다
아무 일도 없다는 듯이 비켜내길
간절히 바랄 뿐이다
함박눈이
솜 송이로 내려와 석탄가루로 깔린다

변신

기진한 몸을 전철에 실었다
양보 받은 자리가 엉거주춤
몸에 맞지 않은 옷을 입은 양
쑥스럽고 편치 않다
어제까지는 양보하던 자리
젖어 드는 눈을 훔치며
헛웃음으로 대신한다

앞에 서있는 젊은 여인
(고난도 마술사의 손 놀림으로
시든 꽃송이들이 검은 상자 안을 거쳐
줄줄이 꽃봉오리들로 바뀌져 나오는)
타임머신을 탄 것처럼
착각이 들지만 그래
앉을 수 있어 편안한 몸 좋다

땅의 위로 오르니
찬란한 해넘이가 시작되어 정겹다

오지 항아리

태깔이야 어찌
백자나
청자항아리에 비하랴만
청. 백자의 차가움보다
피가도는 따뜻함이 있으니
살아 숨쉼이 아니던가

빈 허허로운 외로움 보다
채울 수 있는 여유로
채우면 비우고
비우면 다시 채우는
공(空)과 실(實)을 담고 있지 않던가

몸 따로 마음 따로가 아닌
둘이면서 하나인
오지 항아리에 가득 채울
실(實) 실(絲)삼아 구슬꿰듯
언어를 꿰어 엮어본다

감기

일년이면 두세 번 찾아 드는
반갑지 않은 손님

그래도 대접 깎듯하다
콩나물에 파 넉넉하게 넣어 끓인 국
고춧가루 듬뿍 넣어 먹게 한다
못되게 굴면
약도 먹이고 주사도 놓고
가끔은 링거도 꽂아
편히 쉬게 한다

요즈음
증권 부동산 재래시장도
공장들도
멀리서 불어오는 칼바람
비수로 꽂혀와
혹독한 가슴앓이
움켜쥐고 뒹굴지만

처방전이 안개 속을 헤맨다
틈에 끼어 콜록콜록 에취거리는 너
정말로 눈치도 없는 놈이다

꽁꽁 얼어붙은 가슴 가슴
지긋이 기다림 속에
봄볕으로 다가와
꽃으로 피어날 그날 오려니

신종플루

괴물 신종플루

사람들도 괴물을 닮아가는지
얼굴을 감추려는지
제마다 마스크를 쓰고 있다

플루에 안걸려도
이미 괴물이 되어버린
지구촌 사람들

문제는
이러다 밤에 쓰고 다니는
검정 마스크족 안될지

볕들어 좋은 날

며칠 내린 비 끝에
쨍 그늘 쪼개며
햇볕이 살아났다

오랜만에 내다 넌
이부자리
햇볕도
빨래 줄에 모여 앉아
천녀(天女)*나들이 같다

주름진 실 풀어
뽀송뽀송 부풀어 오른 푹신함에
몸을 묻고
볕든 좋은 날
하루치의 행복을 뉘인다

* 천녀(天女) : 제비의 이칭.

내게로온 잡초

안 뜰에
낯선 풀 한 포기가
고개를 들고 나를 본다
뽑아낼까 말까
갸우뚱 갸우뚱 망설이다가

물을 주면서
무슨 색깔의 어떤 모양의 꽃을 피울까
하루하루 궁금증과 함께 키우고 있다

줄을 지어 분주하게
풀대를 오르락내리락 바쁜 개미떼
잎 뒤로 회색 진딧물이 잎의 털 인양 숨죽인
사이사이로 길을 내며
꽃대궁 꽃잎 피는 날 기다리는지
부지런을 떤다

저걸 어쩌나 온몸은

소름끼쳐 스믈스믈 으스스 한데
눈은 개미를 따라
오르내리며 기다림을 키운다

나 느닷없이 날다

시비가 들어찬 고즈넉한 오솔 길
잔잔히 흐르는 선율에
낭랑히 읊조리는 시
들꽃, 가로등 불빛, 모래알, 낙엽,
절벽, 사기그릇, 길모퉁이, 그물
속으로 빠져 촉촉이 젖어 헤엄을 친다

유난히 반짝이는
개밥바라기 춤사위에
내 마음도 찰랑찰랑 춤을 춘다

빠른 템포의 멜로디
화들짝 놀라 눈 간 곳
빨, 주, 노, 초, 파, 남, 보,
찬란한 빛으로
솟구쳐 피어오르는 분수대

한 가득 부풀어 오른 마음

오색 풍선이 되어
개밥바라기 잡으러
둥실 떠 오른다

징검다리

– 세미원에서

포석정 닮은 작은 시내
술잔이 되어 놓여진 징검다리 위를
흐르는 물 따라
한발 한발 걸어본다

어떤 사람은
손잡고
하하 호호 사랑에 들떠
날개로
둥실 떠 날았을 발자국

또 어떤 사람은
살아내야 한다는
무게에 눌려
천근만근 무거웠을 발자국

같은 배경을 두고도

사람들은 다른 집을 짓듯이

나는
그 위를 더듬더듬
속앓이로 울컥 거리는
찌꺼기를 바람에 삭혀
물 위로 흘려 보내본다

그 자리에 있다는 것만으로

쪽빛 잔잔한 바다
무엇에 화가 났는지
울부짖고 용솟음치며
노도로 일어서
통째로 파도를 뒤집어 놓고
콘파스란 거구가 되어
날선 칼 휘두르며
으르렁대면서 육지를 향해 돌진 한다

앞을 가로막아 그 자리에 있다는 것만으로
나무 자동차 전신주 사람까지
모두 베어 쓸어뜨린 후에야
돌아 선다

언제 그랬느냐 싶게 총총히 빛나는
별을 보며 한숨 돌리자니
별똥별 하나 위로라도 하듯
황금 빗선을 가슴에 그으며 쏟아져 내린다

새벽의 인사

뽀얀 새벽이
들어와 앉으면
두손 모아 눈 감고
마주 앉는다

가슴에 새겨지는
얼굴 하나하나 마다에
손내밀어
평안한 하루 되기를
안삿말로 건낸다

창너머로
어둠을 밀어내고
밝힌 빛 한줄기 가슴으로 맞으며
내 안의 당신과 함께
하루의 빗장을 벗긴다

서천역

간이역인
장항선 서천역사
들어서자 눈에 들어오는
궁체로 씌어진 시화 한점
낙관 찍힌 이름 석 자는
지면의 낯익은 분이다

귀향이라도 한듯
반가운이가 맞아 주기라도 할 듯
설지 않은 곳
발길 머문 반짝이는 은빛 바닷가
고요한 수평선 저쪽
호선(弧線)으로 굽은 아득함이
길손임을 깨닫게 한다

싱싱한 자연산 넙치회 한접시로
일몰의 해수를 달래며
무성시(無聲詩) 한편
가슴에 노을로 그려 본다

제4부

시집평설

후경의 형상화와 변용의 솜씨 돋보여

박 진 환
(문학평론가 · 문학박사)

1. 前提

한 권의 시집 속엔 독자로 하여금 감동을 체험하게 하는 몇 편의 시가 있기 마련이다. 몇 편의 시란 그 시집을 대표하는 시일수도 있고, 독자가 발견한 시의 대표성일 수도 있다.

시집을 대표하는 시는 시집에 수록된 시편 중 그 중 뛰어난 작품일 수 있고, 독자가 발견한 시의 대표성은 그와 다른, 수록시 전체에서 감지되는 시적 특성이거나 본질성일 수도 있다. 이 점에서 전자적 경우는 한 편의 시가 지니는 우수성일 수 있고, 후자적 경우는 전체를 통해서 본 특수성일 수 있게 된다.

시는 본질적으로 두 특성을 지니기 마련이다. 그 하나는 시 속에 여과되어 있는 정신적 자양으로서의 심층적인 것이고 다른 하나는 이를 밖으로 드러내어 보여주는 표층적인 것이다. 이를 분석적으로 지적하면 전자는 심층구조가 되고 후자는 표층구조가 된다.

모든 예술은 표층구조를 전경으로 하고 그 배후에 예술로써 승화시키고자 하는 정신적인 것을 후경으로 감추고 있기 마련이다. 이는 모든 사물이나 존재가 외양으로 드러나지 않고 그 배후에 계시나 비의를 지니고 있는 것과 같은 이치다. 그리고 이러한 이치는 상상력을 자극하게 하고 개입하게 하여 외양으론 드러낼 수 없는 것을 발견하게 하여 재창조 내지는 재구성하게 하는 통합적이고도 마술적인 상상력의 시적 역할을 요구하기에 이른다. 일찍이 김춘수 시인이 관념의 재로지대에서 새로운 관념의 탄생을 시법으로 했던 것과도 무관하지 않다.

시는 사물로 쓴다는 사르트르류의 시관은 사물 뒤에 숨어 있는 비의의 발견을 통한 새로운 관념의 발견으로 사물과 관념의 총체화 내지는 합일지향이라는 새로운 시의 질서를 요구하고 있다는 점에서 수정이 불가피하게 된다. 사물 일변도의 편향성과 관념일변도의 편향성을 극복함으로써 새로운 시가 되기를 희망한다고나 할까. 어떻든 시는 사물과 관념을 지양, 제3유형의 시를 요구하고 있다는 뜻 쯤이 된다.

굳이 형이상시를 거론하지 않더라도 한권의 시집에서 양극화와 양극화의 합일을 통한 시의 새로운 질서를 발견한다는 것은 기쁜 일이 아닐 수 없다. 그리고 이러한 기쁨을 체험하게 해준다는 점에서 황인숙 시인이 상재한 시집 「자귀꽃 위에 나비가 되어」의 의미는 크다고 본다.

2. 양극화의 합일과 禪味

시집「자귀꽃 위에 나비가 되어」에 수록된 80여 편의 시편 중에서 특별하게 관심을 끄는 것은 첫째 양극화와 양극화의 합일을 통한 새로운 시적 질서의 발견이다.

형이상시의 시법이기도 한 양극화는 서로 대립되거나 상반, 상충의 시적 두 요소나 대상을 병치시켜 팽팽한 긴장을 유지했다가 이를 화해로운 관계로 합일시킴으로써 긴장의 이완이 체험하게 하는 카타르시스를 배가해주는 시적 효용으로 작용한다. 이 점에서 양극화의 설정은 의도적 제작성을 지니게 되고, 이를 달리 지적해 현대적 기획으로 명명하기도 하는데 시를 제시해 보기로 한다.

가) 꽃과 나비가 혼 섞어
꾸는 호접몽(胡蝶夢)
호접몽 꿈길 따라
한 마리 나비되어
훨훨 날며 춤추는

꽃잎일까
나비일까
둘이 아닌 하나인 것을

화혼(花魂)도 접혼(蝶魂)도 둘이 아닌

하나인 것을

잠시 꽃에 홀려
나를 잃었던 꽃집의 나와
나를 찾아 꽃집을 나선 나도
둘이 아닌 하나인 것을

나) 탯깔이야 어찌
백자나
청자 항아리에 비하랴만
청, 백자의 차가움보다
피가 도는 따뜻함이 있으니
살아 숨쉼이 아니던가

빈 허허로운 외로움보다
채울 수 있는 여유로
채우면 비우고
비우면 다시 채우는
공(空)과 실(實)을 담고 있지 않던가

몸 따로 마음 따로가 아닌
둘이면서 하나인
오지항아리에 가득 채울
실(實) 실(絲) 삼아 구슬꿰듯

예시 가)는 「꽃집에서」, 나)는 「오지항아리」의 각각 전문이다. 예시 가)에서 볼 수 있듯이 꽃집에 들렀다가 꽃의 아름다움에 홀려 호접몽 꿈길을 한 마리 나비가 되어 훨훨 날아보는 누구나 체험할 수 있는 체험적 진술이다. 그러나 꽃이 아름답다거나, 아름다움에 홀렸다거나 하는 항용의 진술이 아닌, 의도적이고도 계산된 진술의 형상화로 결구되어 있다.

첫 연에서의 시행 '꽃과 나비', 2연에서의 '꽃잎일까', '나비일까', 3연에서의 '화혼'과 '접혼' 그리고 종연에서의 '나를 잃었던 꽃집의 나'와 '나를 찾아 꽃집을 나선 나'가 예외없이 양극화로 병치되어 있기 때문이다. 시적 조직이나 구성내지는 재배치를 통한 양극화가 의도적 기회성을 지녔다는 뜻이다.

문제는 짐짓 상반의 두 요소를 병치시켰다가 이를 교묘히 화해로운 관계로 합일시켜 시의 새로운 질서를 획득해내고 있다는 데 있는데 1연에서의 '꽃과 나비가 혼섞어'라든지, 2연에서의 '꽃잎일까/나비일까/둘이 아닌 하나인 것을'이라든지, 3연에서 '화혼도 접혼도 둘이 아닌 하나인 것'이라든지, 종연에서 '나를 잃었던 꽃집의 나와/나를 찾아 꽃집을 나선 나도/둘이 아닌 하나인'것으로 합일시켜 주는 것 등이 이를 잘 말해주고 있다.

예시 나)에서도 가)와 같은 맥락에 잇대어 있다. 1연에서의 시행 '청, 백자의 차가움'과 '피가 도는 따뜻함'이 보여주는 양극화나, 2연에서의 '빈 허허로운 외로움보다', '채울 수 있는 여유'가 그러하고 '공'과 '실'이 또한 그러하다. 이러한 대립항으로서의 양극화를 종국에는 '몸따로' '마음따로'가 아닌 합일된 '둘이면서 하나'로 합일시켜 주고 있는데 이는 불교적 깨달음에서나 획득해 낼 수 있는 不二와 같은 정신차원의 일원화라고 할 수 있다. 황인숙 시인의 시법과 정신적 깊이를 동시에 알게 해주는 이러한 일원화는 전제에서 밝혔던 시의 대표성의 하나로 제시될 수 있을 것으로 보는데 다음 예시는 이를 더 극명히 해 줄 것으로 여겨진다.

정좌하고
한알 한알 조심스레 돌린다
얼마를 돌리고 더 돌리면
악연의 고리가 끊어져 나갈까
끊어져 나가
새 연으로 마디하여 엮일까

염주는 쉬지 않고 돌아가건만
가로 막아 선 절벽
칠흑의 어둠
소리치는 폭풍은
한발짝도 물러서지 않는다

염주알 닳아 없어질때까지
세고 또 세면
비우고 비워져

하얀 마음 채워질 수 있을까
채워져
님의 미소 앞에 설 수 있을까

맡기자 맡기자 맡기자
비우자 비우자 모두 비우자
다 버리고 나면
하얀 마음
한송이 연화로라도 벙글 수 있을까

수록시 「염주」의 전문이다. 앞의 예시가 不二의 발견이었다면 예시는 非有非無의 경지를 체험하게 하는 그런 禪味를 맛보게 해주고 있다. 유와 무의 한계를 극복했을 때만이 터득할 수 있는, 있지도 없지도 않는 정신차원의 비의를 '염주'를 앞에 내세워 전경과 후경으로 보여주고 있다.

1연의 시행 '악연의 고리가 끊어져 나갈까/끊어져 나가/새 연으로 마디하여 엮일까'나 3연에서의 '비우고 비워져/하얀 다음 채워질 수 있을까'로 보여주고 있는 非有非無나 '새연', '님의 미소', '한송이 연화'가 환기시켜주는 禪味는 황인숙 시인의 시적 발상의 근저를 말해 주고 있어 시정신의 대표성으로도 제시될 수 있을 것으로 본다.

두 번째로 끄는 관심의 대상은 심층적인 것이 아닌 표층적인 것이다. 일종의 황인숙 시인이 구사하고 있는 시법이랄까 레토

릭을 통해 본 시적 특성에의 접근이다.

성공적 성과를 거두고 있다고 보여지는 황인숙 시인의 시적 레토릭은 컨시트에의 의존이다. 범상한 것도 범상치 않는 것으로 이끌어 내 형상으로 재구성해 주고 있는 레토릭으로서의 컨시트는 황인숙 시인의 시적 표층구조를 다양하게 해주고 있는데 몇 편의 시를 제시해 본다.

가) 맴맴
맴을 돌면 어지럽지

맴만 어지럽나
땡볕 연옥살이 멀미도
어지럽지

맴맴 말아가는
장마꼬리 끝으로 몰려오는
삽상한 바람 한자락

맴맴
풀린다
감겼던 여름날의 멀미

나) 당신 무덤 앞에
비 하나 세우렵니다

비명요?
하많은 사연 어찌 새깁니까
? 하나 찍어 넣으렵니다

들르는 이마다
? 하나 가슴에 심고가
어느날엔가 꽃잎으로 피어나면
그것이 당신의 뜻이겠지요

예시 가)는 「장마끝」, 나)는 「물음표」의 각각 전문이다.

예시 가)가 보여주는 시어 '맴맴'은 장마 끝에 장마보다 줄기차게 쏟아져 내리는 매미 울음소리다. 이 매미 울음소리 '맴맴'을 맴을 돌았을 때 체험되는 어지럼증으로, 이를 다시 땡볕 연옥살이의 멀미로, 멀미에서 이번에는 멀미를 풀어주는 '삽상한 바람 한자락'으로 연계시켜가는 편은 단순한 언어유희가 아닌 기발한 착상을 이끌어내는 순발력과 순발력만이 이동시켜 줄 수 있는 재빠른 전환의 위트로 작용하고 있다. 종연 '맴맴/풀린다/감겼던 여름날의 멀미'는 맴맴 감긴다는 이미지를 풀린다는 이미지로 이동시키는 순발력으로 작용하고 있어 황인숙 시인의 시적 기발성으로서의 컨시트의 묘미를 보여주고 있다.

예시 나)는 첫연 '당신 무덤 앞에/비 하나 세우렵니다'의 비를 ?로 세워 놓고 있다. 비로서의 ?는 분명 여러 가지를 읽게 해주고 있다. 망자의 생에 대한 의문부로, 생과 사의 의문부로, 어떻게 사느냐? 어떻게 죽느냐? 등등의 물음표 구실을 하면서 일찍이 공자가 설파한 미지생 인지사(未知生 焉知死)를 떠올리게 하기도 한다. 생도 모르면서 어찌 죽음을 말하랴 또한 의문부가 되기 때문이다.

해석이야 어떻건 묘비 대신 ?를 세워 놓고 생과 사를 읽게 하는가 하면 종국에는 '들르는 이마다/? 하나 가슴에 심고가/어느 날엔가 꽃잎으로 피어나면/그것이 당신의 뜻이겠지요'라고 ?의 뜻을 메타화 하고 있는데 이 점 또한 컨시트에 값한다고 할 수 있다.

끝으로 하나더 지적할 수 있다면 컨시트에 연계되는, 컨시트만이 이루어낼 수 있는 변용의 수법을 들 수 있을 것으로 본다.

변용과 컨시트는 언뜻 무관한듯 싶지만 기실 동전의 양면처럼 불가분의 연계맥락을 지니고 있다. 그것은 컨시트없이 변용이 성립될 수 없고 컨시트에 의해서만 변용은 그 시적 효용을 지닐 수 있기 때문이다. 먼저 시부터 제시해 본다.

가) 낙엽은 초청장
안내문 대신
발자국 찍어
따라 오란다

낙엽은 피로쓴
편지

눈으로 읽지말고
가슴으로 읽으란다

가을 뜨락에 앉아
낙엽 벗하면
나에게도
누구에겐가 보내고 싶은
초청장과
편지가 있다

나) 한사코 혓바닥으로 핥아대는
입질로
꿀꺽 낙일을 삼켜버린다

가시라도 돋혔던 것일까
가시에 찔려 복부라도 터진 것일까
바다는 금새
피를 토해낸다

복면을 뒤집어 쓴 어둠이
드라큘라의 혓바닥을 내밀고
피를 핥는다

바다는 서서히

어둠속으로 침잠한다

예시 가)는 「가을 뜨락」, 예시 나)는 「밤바다」의 각 전문이다.

낙엽을 '초청장'으로 변용시킨 예시 가)는 낙엽을 다시 '발자국'으로 이동시켜 따라오라는 기호로 변용시켜주고 있다. 1연의 사물로서의 변용과는 달리 2연에서는 '낙엽'을 '피로 쓴 편지'로 다시 변용시켜 놓고 이번에는 사물이 아닌 '눈으로 읽지 말고/가슴으로 읽으란다'고 의미로 이동시키고 있다. 그리고 3연에서는 사물과 의미가 아닌 화자의 의중을 '초청장'과 '편지'로 전경화함으로써 변용에 변용을 거듭하는 이동과 전환의 묘인 컨시트에 의해서 변용이 이루어지고 있음을 보여주고 있다.

예시 나)는 노을녘의 바다를 변용으로 재구성해주고 있는 시다. 저물녘의 일몰현상을 '한사코 혓바닥으로 핥아대는/입질로/꿀꺽 낙일을 삼켜버린다'고 엉뚱한 사실로 둔갑시켜 버리는 재구성은 재치있는 변용이다. 그리고는 낙조로 물들여진 바다를 '가시라도 돋혔던 것일까'로 엉뚱한 착상을 동원, 가시에 찔려 피를 흘리기 때문에 피로 물들여진 바다로 다시 한번 둔갑시키고는 그것으로는 부족했던지 '복면을 뒤집어 쓴 어둠이/드라큘라의 혓바닥을 내밀고/피를 핥는다'고 리얼리티를 가미함으로써 현장의 투명성을 배가시킨다. 이 또한 돋보이는 변용의 솜씨로 보아줄 수 있는데 이는 황인숙 시인의 시법이 현대시법에의 충실에서 비롯되고 있음을 보여준 것이라 할 수 있다.

3. 결어

황인숙 시인의 시집 「자귀꽃 위에 나비가 되어」를 일별해 보면서 감동을 주는 몇 편의 시를 통해 시의 대표성으로서의 심층구조와, 레토릭으로서의 표층구조를 조명해 봤다. 그 결과 정신적 본질이랄까, 시의 후경에는 不二나 非有非無와 같은 禪味가 지배적으로 작용하고 있고, 이를 드러내는 전경에는 컨시트와 변용을 빌어 시적 대상을 재구성해내는 현대시법에의 충실을 읽게 해주고 있는데 이 점이 황인숙 시인이 이번 시집으로 거둔 시적 성과라고 할 수 있을 것 같다.

황인숙 시인은 서울 출생으로 서울시립대학교 시민대학 시창작 수료후 『조선문학』 신인작품에 시가 당선돼 문단에 데뷔했다. 21C시학아카데미 회원, 한국문인협회회원, 조선문학문인회 이사로 있으며, 무크지 『조선문단』 『운현시』 『형상21』 『풍시조』 회원으로 활동하고 있다. 현재 (사)대한민국미술협회 서예작가, (사)갈물한글서회 회원, (사)대한주부클럽연합회 묵향 회원, 의당붓한글회원, (사)세종한글서예큰뜻모임 초대작가, (사)한국서예미술진흥협회 초대작가, 한글사랑서예 초대작가, 비림원서예 초대작가로 있다.

조선문학시인선 287

자귀꽃 위에 나비가 되어

2010년 12월 10일 인쇄
2010년 12월 20일 발행

지은이 / 황인숙
발행인 / 박진환
펴낸곳 / 조선문학사
등록번호 / 1-2733
주소 · 110-092 서울 서대문구 홍제2동 96-4
대표전화 / 730-2255
팩스 / 723-9373
ISBN 978-89-93614-48-0

정가 8,000원
* 인지는 저자와 합의 하에 생략
* 잘못된 책은 서점에서 교환해 드립니다.